BREF MEMOIRE

POUR

CHARLES GAUGAIN, Meûnier des Moulins de Montaigu, Demandeur & Deffendeur.

CONTRE

EMINENTISSIME SEIGNEUR, *ANDRE' HER-CULES, CARDINAL DE FLEURY,* Ministre d'Etat, Abbé Commandataire de l'Abbaye Royale de Saint Estienne de Caen.

Messieurs les Maire & Echevins de ladite Ville, Deffendeurs & Demandeurs.

Et Jean-Baptiste & François de MECFLET, Écuiers, Sieurs Dasseville & de Pleinnemare, aussi Deffendeurs & Demandeurs.

En la présence de Noble Dame Lucresse MENAGE, Veuve de Jacques de CARBONEL, Écuier, Seigneur de Chaulieu, Tutrice de leur Fille mineure, Demanderesse.

En la présence encore de Guillaume de Lepinne & Charles Haye, Fermiers de la Pêche de la Riviere d'Orne, pareillement Demandeurs.

CONCLUSIONS DE GAUGAIN

A ce qu'il vous plaise, MONSEIGNEUR, vû ce qui résulte des Enquêtes & du Procès-verbal, & y faisant droit, dire & juger à bonne cause, le dépôt fait par ledit Gaugain le 9. Octobre 1732, au Greffe du Bailliage de Caen, des Nailes de trois desdits Moulins de Montaigu : Ce faisant, condamner Son Eminence & lesdits Sieurs Maire & Echevins, en leurdite qualité, en un dédommagement & en des interêts envers ledit Gaugain, pour lesquels régler, il sera autorisé de donner son Mémoire, le tout avec dépens ; sauf à eux de prendre telles Conclusions de recours qu'ils aviseront bien contre lesdits Sieurs de Mecflet.

TOUT l'interêt de Gaugain est d'avoir jugement. Les contestations survenuës entre les Proprietaires des Moulins de Montaigu, Bourbillon & Fonteney, ne le regardent point ; & cependant il en est la victime. Il supplie Monseigneur l'Intendant de faire attention qu'il n'est interessé que dans la question de fait, & que cette question peut être décidée préalablement ; sauf les autres questions qui sont agitées entre les Proprietaires. Son droit est parfaitement bien établi au procès, & il ne fournit le present Memoire que pour relever les faits qu'il a plû

A

aux Sieurs de Mecflet de déplacer, de tronquer & de défigurer.

FAIT.

Gaugain est Fermier des quatre Moulins de Montaigu, situés sur la Rivière d'Orne, à un demi-quart de lieuë de la Ville de Caen.

Une lieuë & demie au dessus sont les Moulins de Fonteney, qui appartiennent à la Damoiselle de Carbonel.

Et dans l'espace intermédiaire des Moulins de Montaigu & Fonteney sont deux autres Moulins, nommés les Moulins de Bourbillon, appartenans aux Sieurs de Mecflet.

Les Chaussées de tous ces Moulins ont dans differents temps donné lieu à differentes contestations, sur lesquelles sont intervenus plusieurs réglemens, qui en ont fixé les hauteurs & déterminé la construction.

Le dernier est une Transaction de l'année 1729, par laquelle tous les Proprietaires desdits Moulins conviennent d'exécuter & de se conformer :

1°. A une Transaction du mois d'Avril 1447.

2°. A une Ordonnance du grand Maître des Eaux & Forests de Normandie, du mois de May 1665.

3°. A un Plan ou Procès-verbal de l'année 1706.

Par la Transaction de 1729, lesdits Proprietaires conviennent, pour éviter aux procès qui pourroient naître à l'occasion des plaintes respectivement faites par les Meûniers de Fonteney, Bourbillon & Montaigu, de s'en rapporter au sieur Bayeux, Ingénieur du Roy, pour les Ponts & Chaussées. En consequence ils lui donnérent pouvoir de faire réduire & détruire les Chaussées qui ne seroient pas bâties conformément aux Actes ci-dessus, & de les faire rétablir, suivant & au désir desdits Actes.

Le sieur Bayeux trouva que la Chaussée de Bourbillon étoit trop élevée & construite autrement qu'elle devoit l'être.

Il estima pareillement que l'avant-mur ou petite Chaussée de Montaigu devoit être retranchée sur sa largeur, ce qui fut éxécuté.

La Chaussée de Bourbillon fut construite en glacis, & alloit se perdant insensiblement du dévant au derriere sur le massif, sur lequel elle est posée, conformément à celle de Montaigu.

Cette réformation ne subsista pas long-temps. Elle devint bien-tôt insupportable aux Sieurs de Mecflet & à leurs Meûniers, qui avoient été dans un long usage de retenir l'eau, au grand préjudice des Moulins de Montaigu.

Ils ne tardérent pas à commettre des entreprises nouvelles. Et depuis le mois de Septembre 1729, que leur chaussée fut réformée, jusques au mois de Septembre 1732, cette chaussée qui, comme on vient de le dire, s'en alloit en pente & se réduisoit à rien sur le derriere, s'est trouvée plus haute sur le derriere que sur le devant, de 12, 14 & 16 pouces.

Cette augmentation, qui est telle que l'eau ne peut passer à travers, a engagé Gaugain à porter plusieurs fois ses plaintes aux Proprietaires des Moulins de Montaigu, & de leur representer que la perte qu'il en avoit soufferte, l'avoit ruiné, & mis hors d'état de payer par la suite ses fermages.

Enfin au mois de Septembre 1732, il déclara verbalement ausdits Proprietaires, qu'il se trouvoit obligé de déposer les Nailes de trois de ses Moulins : que les Sieurs de Mecflet faisoient actuellement faire des augmentations à leur chaussée, qui mettoient le comble à sa ruine.

Cette derniere complainte eut plus d'effet que les précédentes ; & ce fut en consequence que les Proprietaires des Moulins de Montaigu, conjointement avec la Dame de Carbonel, firent faire une sommation le 22 dudit mois de Septembre 1732 aux Sieurs de Mecflet, de détruire leurs entreprises.

Cette démarche de la part des Propriétaires arrêta le Fermier fur le dépôt de fes Nailes. On lui donna à entendre que les chofes feroient inceſſamment remifes fur l'ancien pied : que les Sieurs de Mecflet en avoient donné leur parole.

Cependant, Gaugain voyant que les chofes demeuroient toûjours dans le même état, & que les promeſſes qu'on lui avoit faites au commencement de Septembre n'avoient point d'éxecution, prît le parti le 9 Octobre fuivant de dépofer au Greffe du Bailliage de cette Ville trois des Nailes de fes Moulins.

Le lendemain 10 du même mois, il fift fignifier copie de l'acte qui lui avoit été delivré de ce dépôt, aux Propriétaires des Moulins de Montaigu, avec fommation . . . . » de faire mettre la chauſſée de Bourbillon en état : » il ajoûta que par le deffaut d'eau fuffifante, il ne pouvoit faire moudre ; » ce qui provenoit de ce qu'on avoit garni & rempli ladite chauſſée de gla- » geux, chauffins, fables, vafes & autres matieres, qui mêlées parmi le blé » de cette chauſſée, empêchoient l'écoulement & le paſſage libre des eaux: qu'il » proteftoit contr'eux de fes dommages, interêts & dépens, du jour qu'il » leur avoit donné avis du deffaut d'eau. . . .

Le lendemain onze, les Sieurs de Mecflet réflechiſſans fans doute, que leurs entreprifes étoient trop confiderables, pour qu'elles puſſent fubfifter, feignirent de les faire détruire, en faifant jetter quelques pierres les plus é- levées de deſſus leur chauſſée dans la riviere. Mais il ne fut pas difficile de s'appercevoir, que ce qu'ils avoient fait faire, n'étoit qu'une illufion.

Ce fut pour cela que les Propriétaires des Moulins de Montaigu, convain- cus du préjudice que cauſoient à Gaugain, leur Fermier, les nouveautés commifes par les Sieurs de Mecflet, fe déterminérent à intenter une action.

PROCEDURE

Sur une Requête prefentée au Roy par S. E. & pour les cauſes y conte- nuës, S. M. rendit un Arrêt le 24 dudit mois d'Octobre 1732, par lequel elle évoque à foi la connoiſſance de toutes conteftations nées & à naître, au fujet des Moulins de Montaigu, Bourbillon & Fonteney.

Par le même Arrêt S. M. renvoie la connoiſſance defdites conteftations à M. le Marquis de Vaſſan, Intendant de la Généralité de Caen, » pour » entendre les Parties, ordonner les defcentes & vifites des lieux, faire » dreſſer des Procès-verbaux de l'état des chofes, par tel Ingénieur de S. » M. qu'il jugera à propos, & icelles conteftations, circonftances & dé- » pendances juger difinitivement & en dernier reſſort, par un ou plufieurs » Jugemens difinitifs ou interlocutoires, S. M. lui attribuant, &c. . . .

Le 13 du mois de Novembre 1732, S. E. fit fignifier aux Propriétaires des Moulins de Bourbillon & de Fonteney, aux Adminiftrateurs des Pau- vres, à qui un des Moulins de Montaigu appartient, & à Gaugain, copie dudit Arrêt & de Lettres Patentes expédiées en conféquence : enfemble co- pie de deux Ordonnances de Monfeigneur l'Intendant, avec aſſignation de- vant lui pour y paſſer des déclarations & procéder aux termes de ce même Arrêt.

Naturellement & en bonne régle, Gaugain n'auroit pas dû être appelé à ce Procès : On l'aſſigne pour paſſer des déclarations qu'il avoit paſſées dès le 10 du mois d'Octobre, en fignifiant le dépôt de fes Nailes. C'étoit aux Propriétaires des Moulins de Montaigu d'en faire l'ufage qu'ils auroient ju- gé à propos, attendu que c'eſt à eux de faire joüir leur Fermier. La quef- tion de ſçavoir fi les chauſſées de tous ces Moulins font de la hauteur &

conſtruction qu'elles doivent être, n'a pas pû non-plus être le prétexte de ſon aprochement ; ces differentes diſcutions n'intéreſſant veritablement que les Propriétaires. Mais enfin c'eſt choſe faite, & ce qui vient d'être obſervé, ſert ſeulement à faire connoître combien Gaugain eſt à plain-dre.

Cet Arrêt fut ſignifié ; les Sieurs de Mecflet les premiers fournirent leur conteſtation, par une Requête qu'ils firent ſignifier le 22 dudit mois de Novembre. Par cette Requête ils méconnûrent formellement avoir fait mettre aucuns ſables, graviers, vaſes ni autres matiéres ſur leur chauſſée, ni d'avoir innové en aucunne façon contre & au préjudice de la Tranſac-tion de 1729. Et pour mieux aſſaiſonner la choſe, ils formérent des plain-tes contre Gaugain. Un pareil énoncé ne quâdroit pas à beaucoup près avec le contenu en la ſommation de Gaugain du 10 Octobre. Ce fut ce qui l'engagea de répondre, par une Requête qu'il fit ſignifier le 29 du même mois.

Par cette Requête il ſoûtint ce qu'il avoit avancé par ladite ſommation du 10 Octobre, & en offrit la preuve, ajoûtant que mal à propos les Srs. de Mecflet lui imputoient des faits perſonnels : qu'il n'avoit fait que ce qu'il avoit pû & dû faire.

Les Srs. de Mecflet par une autre Requête du 29 dudit mois, perſiſté-rent à leurs méconnoiſſances, & avancérent contre Gaugain une infinité de faits dont ils offrirent de faire la preuve.

Gaugain répondit & perſiſta à la preuve qu'il avoit offerte. Il ſupoſa la plus grande partie des faits articulés contre lui, & proteſta contre les autres faits, comme incivils & non concluans.

Des ſoûtiens ſi oppoſés donnérent apparemment lieu à S. E. de ſoûtenir par un Acte ſignifié le 30 Décembre 1732, qu'avant faire droit ſur le Pro-cès-verbal, les Srs. de Mecflet & Gaugain devoient faire reſpectivement preuve des faits par eux articulés, pour après leſdites preuves faites ou man-quées, prendre telles concluſions qu'il appartiendroit.

Sur ce ſoûtien intervint Arrêt le 25 Janvier 1733, par lequel il fut ordonné, » qu'avant faire droit les Srs. de Mecflet & Gaugain feroient » preuve des faits par eux reſpectivement articulés, en outre leurs ſupoſi-» tions, & ſauf les preuves contraires.

En conſéquence, ils ont fait faire chacun une Enquête : Ces Enquêtes ont été ſignifiées reſpectivement, & dénoncées aux autres Parties du Procès. Enſuite il a été dreſſé un Procès-verbal des Moulins & chauſſées de Mont-aigu & Bourbillon, qui eſt immenſe & compoſe un volume *in-folio*.

Dans ce Procès-verbal les Srs. de Mecflet ont fait des ſoûtiens à perte de vûë : Ils ont affecté de ſe faire accorder une infinité d'Actes qui n'ont aucun raport à ce qui fait la matiére du Procès : Ils y méconnoiſſent l'après-di-née des faits dont ils avoient été forcés de convenir le matin. Ils n'ont enfin rien négligé pour que ce Procès-verbal n'eût point de fin, & ont fait tout de leur mieux pour embroüiller la matiére. Mais ce projet ne leur a pas réüſſi, du moins au reſpect de Gaugain, puiſque leurs voies de fait y ſont manifeſtées, & la conduite de Gaugain juſtifiée à plein.

Le 19 Juin dernier, les Srs. de Mecflet firent ſignifier une Requête & prirent de vaſtes concluſions contre toutes les Parties. Gaugain va référer ce qui le concerne perſonnellement.

Concluſions des Sieurs de Mecflet,
contre Gaugain.

» Que vû ce qui réſulte de la preuve bien & dûëment faite des faits par
» eux

» eux articulés contre Gaugain , ledit Gaugain doit être condamné en
» 6000 livres d'intérêts , avec dépens : Que deffences doivent être faites
» audit Gaugain de mafquer & gazonner à l'avenir les effeaux des Mou-
» lins de Montaigu.

Le 10 Juillet , Gaugain prit auffi des conclufions telles qu'elles font ci-
devant tranfcrites.

Et enfin S. E. , Mrs. les Maire & Échevins & la Dame de Carbonel en
prirent de leur part , dans un Mémoire imprimé qu'ils firent fignifier le premier de Décembre 1734.

Conclufions de S. E. & de *Mrs. les Maire & Echevins*, contre *Gaugain*.

» Que faifant droit fur les demandes de Charles Gaugain , il fera dé-
» bouté des conclufions par lui prifes contre S. E. , les Maire & Echevins &
» la Dame de Carbonel , fauf audit Gaugain à conclure contre les Srs. de
» Mecflet ainfi qu'il avifera bien. . . .

Il femble qu'il ne reftoit plus alors que de donner réglement aux Parties , d'autant que toutes le demandoient. Mais on connut bien par la
fuite que les Srs. de Mecflet n'agiffoient-pas fincérement , & que ce n'avoit
été que par affectation qu'ils avoient demandé jugement.

· Depuis le premier Décembre 1734 , jufqu'au mois de Mars fuivant ,
plufieurs Requêtes ont été prefentées de la part de S. E. & de Gaugain ,
pour les affujétir à produire leurs Piéces : Ils ont demandé délais fur délais ; & enfin le 10 dudit mois de mars dernier , fe voyant à la veille d'ê-
tre jugés par forclufion , ils fe déterminérent à mettre au jour un ouvrage
préparé & médité de longue main , qui eft leur Mémoire imprimé.

Dans cet ouvrage ils ne démentent point le procédé qu'ils ont tenu dans
l'inftruction du Procès , & pendant la durée du Procès-verbal. Il eft de
même tout rempli de faux principes fuivis de conféquences néceffairement
fauffes. On n'y trouve également que déguifemens & méconnoiffances fur
les faits les plus certains & les plus avérés. Les expreffions dures n'y font
pas oubliées. Et enfin , pour rendre ce chef-d'œuvre plus ample , on y a
ajoûté l'invective , qui n'en fait pas la moindre partie.

Au refte , Gaugain qui fçait les bornes que lui prefcrivent fon état & la
diftance qu'il y a entre les Srs. de Mecflet & lui , paffera tous ces traits
fous filence , & ne les relevra qu'autant qu'ils tendroient à donner atteinte
à fon droit.

Dans leur Mémoire les Srs. de Mecflet annoncent trois queftions principales pour objets de ce Procès. La première , difent-ils , eft de fçavoir fi le
talu de la chauffée de Bourbillon eft de la hauteur qu'il doit être , & fi le
furplus de ladite chauffée eft conftruit au defir de la Tranfaction de 1447.

La feconde confifte à examiner , fi la chauffée de Montaigu eft élevée &
conftruite conformément à l'Ordonnance de M. du Boulay Favier , Grand
Maître des Eaux & Forêts de Normandie , du mois de May 1665.

Et enfin la troifiéme eft de fçavoir , s'il s'eft fait des aterriffemens dans
la Riviére d'Orne , qui puiffent empêcher l'écoulement de l'eau , faute par
les propriétaires d'avoir fait curer la Riviére.

Ces trois queftions que les Sieurs de Mecflet appellent principales , ne regardent nullement Gaugain. Elles lui font étragéres , & il les laiffe à traiter
aux Propriétaires. Gaugain dira feulement en paffant , que fi la chauffée de
Bourbillon reftoit dans l'état qu'elle eft encore aujourd'hui , il feroit forcé
de demander la réfolution de fes baux : & que fi les prétentions des Sieurs

de Mecflet avoient lieu, le plus court feroit de démolir les Moulins de Mont-aigu, puifqu'à ce moyen ils deviendroient totalement inutils.

Une feule & unique queftion, qui comme on l'a déja dit, n'a rien de commun avec toutes celles qui font agitées par les propriétaires, & qui eft purement de fait, intéreffe Gaugain. Elle confifte à fçavoir s'il a réuffi à prouver, fuivant qu'il l'avoit articulé contr'eux, que les Sieurs de Mecflet ont fait des innovations à leur chauffée, depuis qu'elle fut réformée en 1729: & encore, fi on le veut, d'examiner fi les plaintes que ceux-ci ont formées contre Gaugain, ont été fondées & prouvées.

Pour faire fa preuve, Gaugain a fait entendre 19 témoins, du nombre defquels deux ont été reprochés, fçavoir les 14 & 15e., fuivant l'ordre de l'Enquête.

Le fait principal, qui eft de fçavoir fi les Sieurs de Mecflet ont fait des augmentations & changemens à leur chauffée, eft parfaitement établi par les dépofitions de ces témoins, notamment par celles des 1er, 4, 5, 7, 11, 13, 14, 15, 16, 17, 18, & 19ème.

Les circonftances qui accompagnent ce fait principal font auffi prouvées fuffifamment par les dépofitions des 2, 3, 4, 6, 8, 9, 10, 12, 14 & 19ème témoin de cette Enquête; il en réfulte que les Sieurs de Mecflet firent détruire partie de leurs entreprifes : Suivant les dépofitions de Philippes le Conte & de Guillaume Quefnot, le Sieur de Pleinnemare donna fa parole au Sieur Au-gis & à Gaugain, de les faire détruire; ce qui fuppofe néceffairement qu'il en avoit commis. Et enfin, les 15 & 19ème rapportent qu'ils ont vû l'ef-feau de la Pêcherie garni de pierres, terres & autres matiéres, qui l'étan-choient entiérement.

Quand bien même Gaugain n'auroit pas réuffi à prouver toutes les circon-ftances qui accompagnent le fait principal, cela n'empêcheroit pas qu'il n'eût réuffi fuffifamment, dès-là que le fait principal feroit prouvé. L'objet de ces différentes circonftances eft de prouver que les Sieurs de Mecflet ont innové. C'eft pourquoi & pour fimplifier la matiére, on va reprendre fé-parément chaque circonftance, rapporter les dépofitions qui y ont trait, & citer les endroits du Procès-verbal qui y ont rapport.

On va donc fe réduire à prouver, 1°. Que les faits à la preuve defquels Gaugain a été admis par l'Arrêt du 25 Janvier 1733, font très-bien prou-vés, tant par fon Enquête que par le Procès-verbal : 2°. Que les Sieurs de Mecflet n'avoient rien fuppofé qui dût arrêter la preuve entreprife par Gaugain : 3°. Que les faits articulés par les Sieurs de Mecflet, ou font inu-tils & étrangers, ou ont été fuppofés par Gaugain. 4°. Que les Sieurs de Mecflet n'ont rien prouvé : 5°. Que les Conclufions de Gaugain font bien dirigées & ne peuvent lui être refufées.

Mais avant d'entrer dans ce détail, il faut répondre aux reproches pro-pofés contre le Conte & Laugeois, 14 & 15e témoin de l'Enquête de Gau-gain.

Réponfe aux reproches propofés, contre le Conte & Laugeois.

La dépofition de Philippes le Conte, Huiffier, doit être rejettée, difent les Sieurs de Mecflet, parce que ce témoin a fait des diligences pour Gau-gain dans cette inftance, & a en cela fait acte de partie.

Il y a de deux fortes de reproches, les uns de fait, les autres de droit : or on défie les Sieurs de Mecflet d'établir que celui qu'ils ont propofé contre le Conte, foit dans l'une ni dans l'autre efpece. A-t-on pû raifonnablement faire une pareille propofition : quelque chofe de plus ridicule peut-il être propofé? Comment, parce que le Conte, homme public, aura fignifié pour Gaugain quelques actes d'Avocat à Avocat, on prendra de là prétexte de le récufer ? Il n'y a affûrément pas d'apparence. Encore fi les Sieurs de Mecflet avoient à dire que ce témoin a fait ces diligences dans le tems intermédiaire de l'affignation qui lui a été donnée, & de fa dépofition : on penferoit qu'ils feroient un paralele des fonctions de cet Huiffier, avec les fervices que rend actuellement un domeftique à fon maître. Le ridicule qui fe rencontreroit dans une pareille comparaifon fe fait affez fentir ; mais en la fuppofant de mife pour un moment, la réponfe feroit, que le domeftique même ne devient reprochable & incapable de tefter pour fon maître, que lorfqu'il eft demeurant & couche chez lui. Inutilement on entreroit dans un plus long détail, pour faire connoître que ce reproche n'a pas dû être propofé.

La dépofition de ce témoin déplaît d'autant plus aux Sieurs de Mecflet, qu'elle établit conjointement avec celle de Quefnot, 19e témoin, que le Sieur de Pleinnemare avoit donné parole de faire détruire fes entreprifes.

Le reproche propofé contre Laugeois eft différent : il eft un de ceux qu'on appelle de fait. Ce témoin n'a pas déguifé, lorfqu'il a été interrogé, qu'il étoit parent de Gaugain. Celui-ci efpére bien que cette dépofition ne fera pas regardée comme inutile : que Monfeigneur le Commiffaire fera attention aux termes fimples dans lefquels elle eft conçûe, & qu'elle eft parfaitement relative à d'autres dépofitions. D'ailleurs, quand on auroit égard au reproche, il refteroit encore à Gaugain une preuve plufque fuffifante. Il faut rapporter les faits à la preuve defquels Gaugain a été admis par l'Arrêt de 1733, pour après cela fuivre l'ordre qu'on fe vient de propofer.

Faits à la preuve defquels Gaugain a été admis par l'Arrêt du mois de Janvier 1733.

Gaugain eft apointé à prouver. 1°. *Que les Sieurs Daffeville & de Pleinnemare firent exhauffer le derriére de la Chauffée de Bourbillon, les 16. & 17. Septembre dernier, & qu'ils firent répandre des graviers, fables & autres chofes de pareille nature, fur toute la longueur & fur plus de la moitié de la largeur de ladite Chauffée; & que l'onze Octobre dernier, ils ont fait détruire partie de ces ouvrages. 2°. Qu'au commencement de l'Eté dernier, les Sieurs Daffeville & de Pleinnemare firent aporter des pierres, terres & graviers derriére l'effeau nommé la Pêcherie, au moyen de quoi les eaux n'avoient pas leur côurs libre, ce que lefdits Sieurs Daffeville & de Pleinnemare ont fait détruire au commencement du mois d'Octobre.*

Propofition premiere.

Les faits, à la preuve defquels Gaugain a été admis par l'Arrêt du 23 Janvier 1733, font bien prouvés, tant par fon Enquête, que par le Procès-verbal.

Gaugain, comme on l'a dit, a fait entendre 19 témoins.

Le premier, nommé Michel Larcher, dépofe . . . » que devant ou » après le mois d'Août dernier, paffant par deffus la chauffée de Bourbil-» lon avec la Dame de Carbonel, ladite Dame de Carbonel fit remarquer » à lui qui dépofe, *que l'on avoit rempli de chauffins plufieurs trous ou crevaffes, qu'il avoit vûes auparavant, fans pouvoir dire fi le chauffin qu'on y avoit mis avoit exhauffé ladite chauffée.*

Gilles Hervieu, 4e témoin de l'Enquête de Gaugain, dépofe » qu'il a » vû après le mois d'Août dernier, fans fçavoir le jour ni fe fouvenir

» précisément, le Sieur Dasseville le jeune ; qui employa presque une semai-
» ne deux hommes à travailler à la chaussée de Bourbillon, lesquels hom-
» mes de journée avoient des pelles , ramassoient des pierres qui étoient au
» pied de la chaussée , du côté de Montaigu , sans que lui déposant s'ap-
» pliquât à regarder où ils les portoient ; n'ayant vû ce qu'il vient de dépo-
» ser , que de dans la carriére où il travaille ; en la haute Allemagne, *se sou-*
vient d'avoir vû pendant ces jours ledit Sieur de Pleinnemare ; qui alloit & ve-
noit de son Moulin dessus la chaussée.

Il est à propos de faire ici une légére observation sur deux circonstances
que renferme la déposition de ce témoin. C'est à l'occasion des pelles dont
se servoient les gens du Sieur de Pleinnemare, & du mouvement perpétuel
dans lequel étoit celui-ci pendant que ces mêmes gens travailloient.

Si ce témoin eût approché plus près de la chaussée de Bourbillon, il auroit remarqué que les deux hommes en question jettoient sur la chaussée autre chose que des pierres. S'ils eussent seulement jetté des pierres , ils n'auroient pas eu besoin de pareils outils. Ils en faisoient l'usage , dont parleront
par la suite d'autres témoins qui ont vû de près.

Les allées & venuës du Sieur de Pleinnemare, de son Moulin à sa chaussée,
& de sa chaussée à son Moulin, dont est fait mention dans la déposition de ce
témoin, & dont est encore parlé dans celles des 5, 10 & 12e, font assez connoître que le Sr. de Pleinnemare étoit inquiet &. apprehendoit que quelqu'un
venant à passer sur sa chaussée, ne fit où fit faire réflexion sur l'ouvrage qu'il
faisoit faire. De son Moulin , le Sieur de Pleinnemare étoit à portée d'appercevoir ceux qui seroient venus par le chemin qui est le long de la monta-
gne : Et étant sur sa chaussée , il découvroit tous ceux qui auroient pû ve-
nir par le chemin de la Prairie. Voila la véritable cause des agitations du
Sieur de Pleinnemare , pendant qu'il faisoit travailler à sa chaussée.

Pierre Tremuel, 7e. témoin , dépose ... » qu'un jour ; après le mois d'Août
» dernier , sans pouvoir dire positivement le tems , étant allé abreuver son
» cheval à l'abreuvoir de Bourbillon, il vit le Sieur de Pleinnemare Dasse-
» ville sur la chaussée, & un homme qui étoit déchaussé dans l'eau, *qui avec*
une pelle prenoit des graviers & chaussins & les jettoit sur la chaussée.

Loüis Tremuel, 11e. témoin, dépose ... » qu'il vit avant ou après le mois
» d'Août dernier , sans pouvoir plus positivement dire le tems, le nommé
» Halot, *qui jettoit des sables ou des vases du pied de la chaussée de Bourbillon,*
& remplissoit les trous de ladite chaussée de pierres qu'il ramassoit au pied.

Pierre le Danois, 13e. témoin, dépose... *qu'il a vû deux hommes jetter des*
graviers , sables ou autres choses , l'un avec une pelle, & l'autre avec ses mains,
de derriére la chaussée de Bourbillon sur ladite chaussée ; . . . . croit que lesdits
travailleurs jettérent d'un bout à l'autre de la chaussée lesdits graviers , pierres
& chaussins, & lui qui dépose pensa qu'ils vouloient faire un chemin par en bas,
parce qu'un desdits travailleurs étoit un des Meûniers desdits Moulins.

Philippes le Conte, 14e. témoin , dépose , » qu'un jour du mois de Juin
» il fut requis de la part du Sieur Augis & dudit Gaugain, Meûnier de Mont-
» aigu , de se transporter sur la chaussée de Bourbillon, ... qu'il alla jus-
» ques au Pont qui partage la Prairie de Louvigny d'avec celle de Caen,
» où il rencontra ledit Sieur Augis avec ledit Gaugain, qui lui dirent tous
» les deux , que le Sieur de Pleinnemare étoit à Bourbillon , & qu'ils étoient
» tous convenus de se régler par ce qu'en diroit le Sieur Bayeux Ingénieur.
» Que ledit Sieur Augis dît à lui déposant d'aller sur ladite chaussée, qu'il
» y fut , & y étant *il vit deux hommes avec une broüette , qui portoient de*
la pierre, & leur ayant demandé ce qu'ils vouloient faire de cette pierre , ils
lui dirent qu'ils vouloient la mettre autour de l'eau , pour la facilité de ceux

qui

qui venoient laver leurs linges : qu'il remarqua en passant par dessus la chaussée, du sable ou chaussins remués ou jettés dessus, sur la longueur d'environ deux tiers ou la moitié de ladite chaussée, & demanda ausdits deux particuliers si c'avoit été eux qui avoient remué ou jetté ledit sable & chaussins, ils répondirent que c'avoit été eux.... & que lesdits deux particuliers lui firent le récit de ce qui avoit été convenu avec lesdits Sieurs de Pleinnemare, Augis, & Gaugain, de la même manière que lesdits Sieurs Augis & Gaugain lui avoient dit, lorsqu'il les rencontra dans la Prairie.

Il faut faire ici une réfléxion qui y trouve sa place. Le Conte arrivé sur la chaussée trouva deux hommes qui portoient des pierres dans une brouette. Il est le seul, à la vérité, qui le rapporte ; mais ce qui a été observé par M. le Commissaire Subdélégué, & par le Sieur Bayeux à la fin de la 8ᵉ page du Procès-verbal, joint à cette déposition, forme une preuve complette, que les Srs. de Mecflet ont fait transporter des pierres de la carrière dessus leur chaussée pour l'élever : Voici les termes du Procès-verbal. . . . » Et a » remarqué, ainsi que nous, que ladite augmentation est construite *tant de pierres qui lui ont paru plus nouvellement tirées de la carrière que celles de* 1729. . . .

David Laugeois, 15ᵉ témoin, dépose . . . »qu'au mois de Septembre, à » ce qu'il croit, il a été sur la chaussée de Bourbillon : qu'il y a vû deux hommes » qui travailloient en présence du Sieur de Pleinnemare, *qui jettoient les sablons de derrière la chaussée sur ladite chaussée, ce qui faisoit qu'il ne passoit aucune eau dans une partie de ladite chaussée : qu'il a vû l'esseau de la Pêcherie tout plein de pierres & de gazon, accommodé de manière qu'il n'y passoit aucune eau. . . .*

Jean Lucas, 16ᵉ témoin, dépose . . . »qu'il y aura au mois d'Août » ou Septembre prochain un an, il a vû deux hommes qui travailloient à » la chaussée de Bourbillon, *qui jettoient quelques choses dessus qu'ils prenoient au pied de ladite chaussée : ce qu'il a remarqué en passant pendant sept ou huit jours. Que dans le tems que les deux hommes à lui inconnus travailloient, il y en avoit encore deux autres, qu'il connut pour être les Meûniers de Bourbillon. . . .*

Jean le Fevre, 17ᵉ témoin, dépose . . . »qu'il vit par plusieurs jours deux hommes, *qui prenoient des sables ou graviers avec des pelles ou trubles & les jettoient sur la chaussée de Bourbillon, sans pouvoir dire précisément en quels endroits de ladite chaussée ils les jettoient, à la réserve qu'il a remarqué qu'ils en jettoient particuliérement sur le milieu de ladite chaussée. Que dans le même tems les nommés Grenier & Cadot, Meûniers de Bourbillon, garnissoient avec leurs pieds & unissoient le sable dans les trous & par dessus ladite chaussée. . . .*

Jacques Bourbon, 18ᵉ témoin, dépose »que l'Été dernier . . . . il a vû deux ou trois jours de suite, deux hommes avec des pelles ou trubles, *qui ramassoient des graviers ou sables du pied de la chaussée de Bourbillon & les jettoient dessus ; & a remarqué l'esseau de la Pêcherie gazonné de pierres & de terre, de manière qu'il n'y couloit point d'eau.*

Guillaume Quesnot, 19ᵉ & dernier témoin de ladite Enquête, dépose »qu'après le mois d'Août dernier, étant pour lors Meûnier sous Gau- » gain aux Moulins de Montaigu, il fut appelé par la femme dudit Gau- » gain, pour aller avec le Sieur Augis sur la chaussée de Bourbillon, où parvenus ils trouvérent trois journaliers, *qui prenoient des graviers au pied de ladite chaussée & les jettoient dessus, ainsi que des pierres qui étoient derrière ladite chaussée qui mettoient aussi sur icelle.* » Que ledit Sieur Augis » leur ayant demandé par quel ordre ils travailloient, ils firent réponse

C

» que c'étoit par l'ordre du Sieur de Pleinnemare. Ce qu'entendu par le
» Sieur Augis, il dît aufdits journaliérs qu'il leur deffendoit de travail-
» ler davantage. . . . Que ledit Sieur Augis dit qu'il falloit aller cher-
» cher le Conte, Huiffier, ce qui fut fait. Que ledit Sieur de Pleinne-
» mare étant venû, ledit Sieur Augis lui demanda pourquoi il faifoit fai-
» re un pareil travail, qui arrêtoit l'eau & empêchoit les Moulins de Mon-
» taigu de moudre : qu'il a envoyé chercher un Huiffier pour dreffer Procès-
» verbal de ce qu'il faifoit faire. A quoi ledit Sieur de Pleinnemare dît,
» qu'il ne vouloit point de Procès, *que fi ce qu'il avoit fait faire déplaifoit, il
le feroit défaire.* » Qu'il n'y eût eû aucun Procès-verbal de dreffé, mais que
» Gaugain étant venu enfuite, il eut quelques paroles de difcution a-
» vec ledit Sieur de Pleinnemare, *difant, ledit Gaugain, que ce qu'il faifoit, le faifoit périr, ayant quatre Moulins qui ne pouvoient aller ; & ledit
Sieur de Pleinnemare dit qu'il lui donneroit des coups de bâton.* Effectivement, convenoit-il à Gaugain de fe plaindre pour un fi mince fujet ? &
pour l'avoir fait, le Sieur de Pleinnemare pouvoit-il lui offrir moins ?
*Monfieur, Monfieur de Pleinnemare, vous me faites périr. . . . Coquin,
fi tu ne te retire, je te donnerai cent coups de bâton.*

Voila donc le fait principal rapporté uniformement par fept témoins.
Plufieurs autres dépofitions de l'Enquête de Gaugain concourent encore à
l'établiffement de ce même fait : Mais on ne les raportera point, parce
que ce feroit tomber dans une prolixité qu'on s'eft propofé d'éviter. Il
faut placer ici une feconde preûve réfultante du Procès-verbal, qui ne met
pas moins que l'Enquête de Gaugain, les entreprifes & voies de fait des
Sieurs de Mecflet en évidence. Elle eft extraite des pages 7, 8 & 9, du
Procès-verbal.

» Ledit Sieur Bayeux ayant éxaminé l'état de ladite chauffée, (c'eft la
chauffée de Bourbillon,) » remarqua & nous fit remarquer, que le de-
» vant d'icelle étoit à la même hauteur qu'elle avoit été réduite en
» 1729, du confentement de toutes les Parties, fuivant l'Acte fait en-
» tr'elles au mois de Juillet de la même année 1729, & conforme aux ob-
» fervations dont il dreffa un Mémoire le 25 Septembre 1729, pour lui
» fervir & aux autres Parties intéreffées, encas de befoin : & ce fur 2, 3 &
4 pieds de largeur : *Que le reftant de ladite chauffée fur 7 & 8 pieds de
largeur, non compris les 3 & 4 pieds ci-deffus a été exhauffé, s'élevant infenfiblement fur le derriére d'environ 6, 7 & 8 pouces de hauteur, au lieu
que dans la conftruction de 1729, ladite chauffée alloit s'abaiffant & fe perdant infenfiblement fur le maffif, qui eft au delà de ladite chauffée,* » enforte
» que les eaux couloient en forme de nappe d'eau fur toute la longueur
» d'icelle, pour defcendre dans le cours de la Riviére, au deffous de ladite
» chauffée, fuivant les conftructions ordinaires de pareils ouvrages. Et pour
» connoître la qualité de la conftruction de ladite augmentation, fur la
» longueur & largeur fufdite de la chauffée, ledit Sieur Bayeux demanda
» que nous euffions à faire travailler à des tranchées en différens endroits
» de lad. chauffée, ce qui fut fait le jourd'hier en trois différentes parties. . . .
*Et a remarqué, ainfi que nous, que ladite augmentation eft conftruite tant de
pierres, qui lui ont paru plus nouvellement tirées de la carriére, que celles de
1729, que de cailloutis, chauffins & graviers, ... enforte que l'augmentation
fur le derriére d'icelle s'eft trouvée de 12, 14 & 16 pouces de hauteur. . . .*

Si l'on eût commencé par le Procès-verbal, les Enquêtes auroient été
inutiles. Ce Procès-verbal conftate bien clairement les augmentations & changemens dont Gaugain s'étoit plaint. Il en explique la qualité & quantité,
& circonftancie le tout parfaitement.

Il fait connoître que la chauſſée de Bourbillon eſt de 11 pieds de large : que cette chauſſée, ſur la largeur de 7 à 8 pieds, a été élevée de 12,
14 & 16 pouces, depuis 1729 : & que cette augmentation a été faite avec
des pierres, cailloutis, chauſſins & graviers.

Cette explication eſt parfaitement relative aux dépoſitions des témoins,
& aux termes dont s'eſt ſervi Gaugain, en articulant ſon fait de preuve...
Qu'ils firent répandre des graviers, ſables & autres choſes de pareille nature,
ſur toute la longueur, & ſur plus de la moitié de la largeur de ladite chàuſſée.

La chauſſée n'ayant que 11 pieds de large : l'augmentation étant ſur 7
à 8 pieds, elle eſt ſur plus de la moitié de cette largeur.

La circonſtance qui accompagne ce fait principal, eſt prouvée ſuffiſamment par l'Enquête de Gaugain, ſçavoir que dans le mois d'Octobre, lors dernier, les Sieurs de Mecflet firent détruire une partie des ouvrages qu'ils
avoient fait faire à leur chauſſée.

Gilles Hervieu, 4e. témoin, dépoſe ... » qu'il a vû Loüis Guillot & Jean
» Foulon, qui allérent de la part du Sieur de Pleinnemare, du Sieur Augis
» & du Sieur Bayeux, l'Eté dernier, *prendre des pierres qui étoient trop hau-*
tes ſur la chauſſée, & les rejettoient au deſſous, du côté de Montaigu.

Pierre Foulon, 6e. témoin, dépoſe » qu'après la S. Michel derniére, il
» vit le Sieur de Pleinnemare-Daſſeville avec deux hommes de journée ſur
» ladite chauſſée, *qui prenoient des pierres de la chauſſée, dans les endroits où*
elle étoit plus haute, & les faiſoit remettre derriére ladite chauſſée, du côté des
Moulins de Montaigu....

Pierre Selles, 10e. témoin, dépoſe » qu'après le mois d'Août dernier, ...
» le Sieur de Pleinnemare appela deux de ſes camarades, qui l'allérent trou-
» ver ſur ladite chauſſée, & étans revenus environ deux ou trois heures a-
» près, à la carriere où ils travailloient, leſdits deux particuliers dirent à
» lui dépoſant & à ſes autres camarades, *que le Sieur de Pleinnemare leur avoit*
ordonné de ranger les pierres qui étoient plus élevées les unes que les autres...

Jacques Barbey, 12e. témoin, dépoſe » qu'il a vû deux hommes qui tra-
» vailloient à la chauſſée de Bourbillon, *qui prenoient des pierres d'une place*
& les mettoient en d'autres. ...

Inutilement on raporteroit les dépoſitions des autres témoins, qui ont
parlé ſur cette circonſtance : il ſuffit des quatre ci-deſſus : & d'ailleurs, comme on l'a dit, cette preuve n'eſt pas eſſentielle. Le Procès-verbal fait parfaitement connoître que le rétabliſſement que fit faire le Sieur de Pleinnemare fut bien ſuperficiel, & que ce qu'il en fit, fut uniquement pour
ſauver les aparences, & ſe dégager de la parole ſolennelle qu'il avoit donnée
au Sieur Augis & à Gaugain, de remettre les choſes ſur l'ancien pied.

Reſte l'eſſeau de la Pêcherie. Les dépoſitions des deux témoins qui en ont
parlé, ont été ci-devant tranſcrites. C'eſt pourquoi on ne les raportera
point ici, quoique ce ſoit véritablement leur place. Ces témoins ſont David Laugeois & Jacques Bourbon, 15 & 18e. témoin de l'Enquête de
Gaugain.

L'un & l'autre raportent qu'ils ont vû cet eſſeau gazonné, de maniére
qu'il n'y paſſoit point d'eau. Les Sieurs de Mecflet conviennent, pag. 9
de leur Imprimé, que cette preuve ſeroit bien faite, ſi Laugeois n'avoit pas
été reproché.

Gaugain n'ajoûtera rien à la réponſe qu'il a ci-devant faite au reproche,
propoſé contre ce témoin : il ſe contente de ſupplier de nouveau M.
le Commiſſaire de faire attention aux termes dans leſquels cette dépoſition
eſt conçûë, & à la parfaite relation qu'elle a avec pluſieurs autres. Et il
eſpére qu'à ce moyen la maxime *teſtis unus, teſtis nullus,* que les Sieurs de

Mecflet appellent à leur secours, ne se trouvera pas bien placée. D'ailleurs cette preuve ne seroit pas non-plus absolument essentielle ; puisque cette voye de fait ne doit pas être distinguée de la voye de fait principale, qui consiste dans les changemens & augmentations faits à la chauffée de Bourbillon, depuis 1729.

Lesdits Sieurs de Mecflet font un raisonnement en la même page neuf de leur Mémoire, qui n'a pas été réflechi. » Il y auroit, disent-ils, » de » l'absurdité à penser qu'ils eussent fait gazonner l'esseau de la Pêcherie, » qui ne doit être levé que lorsque les Moulins de Bourbillon ne tournent » point, & qui est fait de manière que lorsqu'il est abatu, l'eau de la Ri-» viére ne peut nullement s'écouler par le vuide qu'il ferme.

S'il y a de l'absurdité à penser, que les Sieurs de Mecflet ayent fait gazonner leur esseau de la Pêcherie, il y en a certainement dans le reproche qu'ils font à Gaugain, d'avoir gazonné ceux de Montaigu.

La chose est égale : ces esseaux sont faits dans le même goût : ils doivent par conséquent produire les mêmes effets.

Gaugain espére donc avoir réussi à faire connoître, que la preuve qu'il avoit entreprise est parfaitement & doublement bien faite, par son Enquête & par le Procès-verbal. Que penser des Sieurs de Mecflet, qui ayans sous les yeux l'Enquête de Gaugain, ont avancé dans les écritures privées du Procès, & répétent encore aujourd'hui dans leur Imprimé, » que les témoins de Gau-» gain n'ont raporté autre chose, sinon qu'ils ont vû deux hommes de » journée qui ramassoient des pierres, que la rapidité de l'eau avoit déran-» gées, & emportées derriére la chauffée de Bourbillon, & qui rejettoient ,, lesdites pierres avec des pelles sur ladite chauffée, & les replaçoient dans ,, les trous d'où la rapidité de l'eau les avoit dérangées ? On ne peut les excufer fous prétexte d'ignorance ou d'erreur : ce qui donne lieu de penfer qu'ils ne respectent pas autant la vérité, qu'ils affectent de le donner à entendre à tout propos dans leurdit Imprimé.

Les Sieurs de Mecflet, que rien ne peut fixer ni rebuter, disent, pag. 13 de leur ouvrage, qu'on ne peut tirer avantage contr'eux du raport du Sieur Bayeux, touchant l'état de la chauffée de Bourbillon. Ils en donnent deux raisons qui font affeurément plus pitoiables l'une que l'autre. Raisonner de la sorte, & se picquer de supériorité de génie, il n'y a pas d'aparence. Mais c'est aux Propriétaires d'en faire l'analife & d'en faire connoître le foible & le ridicule. Ils font en état, ces Propriétaires, de rendre raison aux Sieurs de Mecflet de la différence qui s'est trouvée entre la hauteur de la chauffée de Bourbillon, prise le 5 Novembre 1733, & dont est parlé dans les pag. 7, 8 & 9 du Procès-verbal, & celle prise le 18 dudit mois, mentionnée aux pag. 195, 196 & 197. Ils n'oubliront pas, que dans l'intervalle dudit jour 5 Novembre, au 7 dudit mois, les Sieurs de Mecflet firent fourdement baisser le derriére de leur chauffée. La preuve de ce fait se trouve au bas de la pag. 41, & pag. 45 dudit Procès-verbal.

Il faut maintenant examiner en quoi consistent les supositions faites par les Sieurs de Mecflet, & si, comme ils le disent, ils avoient supofé tout ce qui a été prouvé par Gaugain.

Seconde Proposition.

Les Sieurs de Mecflet n'avoient rien supofé qui dût arrêter la preuve entreprise par Gaugain.

Les Sieurs de Mecflet ont fait une seule supofition, sur la preuve entreprise par Gaugain. Preffentans bien que celui-ci prouveroit facilement qu'ils avoient fait travailler à leur chauffée, ils eurent recours à un faux-

fuiant,

fuiant, qui fut de dire » qu'ils avoient effectivement fait replacer des pier-
» res, que la rapidité des eaux avoit renverfées & écartées en paffant à tra-
» vers & par deffus la chauffée de Bourbillon, & dont le derriére de ladite
» chauffée avoit été conftruit.

Quel raport a une pareille déclaration, avec la preuve que Gaugain a faite?

La prétenduë fupofition des Sieurs de Mecflet eft une illufion, mais trop
groffiére, pour qu'ils ayent pû efpérer qu'elle leur profite. De quoi s'eft
plaint Gaugain ?que la chauffée de Bourbillon avoit été exhauffée & garnie
de graviers, fables & autres matiéres de pareille nature.

S'ils euffent fait cette fupofition, Gaugain n'auroit pas fait de preuve.
Mais bien loin d'avoir fupofé quelque chofe, ils ont au contraire formellement tout méconnû, & leurs méconnoiffances ont été réiterées. Voici
d'abord comment ils ont parlé dans leur Requête de conteftation, du 22
Novembre 1732.... „ Et méconnoiffent abfolument y avoir fait aporter
„ (en parlant de leur chauffée) aucuns graviers, fables, vafes ni glageux.....

Dans une feconde Requête qui eft du 9 Décembre fuivant, ils ont dit ...
„ qu'il n'eft point vrai, fauf le refpect de Juftice, qu'ils ayent fait exhauf-
„ fer le derriére de la chauffée de Bourbillon les 16 & 17 Septembre der-
„ nier, ni qu'ils ayent fait répandre des graviers, fables & autres matiéres
„ fur lad. chauffée. ...

Et enfin dans une troifiéme qui eft du 24 dud. mois, ils parlent ainfi: ...
„ Les Suplians conviennent qu'il leur fut fait une fommation de rétablir
„ les entreprifes qu'il eft dit par lad. fommation avoir été par eux com-
„ mifes; mais il n'eft point vrai, fauf le refpect dû à Juftice, qu'ils ayent
„ fait aporter des graviers, fables & pierres fur la chauffée de leurs Mou-
„ lins de Bourbillon, ni derriére l'effeau de la Pêcherie de lad. chauffée.

Ainfi non feulement les Sieurs de Mecflet n'avoient rien fupofé qui dût
arrêter Gaugain fur fa preuve; mais encore ils l'ont mis dans la néceffité
de la faire par leurs méconnoiffances formelles & réiterées. Cependant, fi
l'on en croit leur Imprimé, pag. 8, Gaugain n'a rien prouvé qui n'eût été
fupofé; & ils pouffent même l'affectation jufques au point de mettre en ita-
lique cette difpofition de l'Arrêt qui a ordonné la preuve; *en outre les fupo-
fitions.* Comment qualifier un pareil procédé? Mais il faut laiffer les réfle-
xions & paffer à une autre propofition.

Troifiéme Propofition.

*Les faits articulés par les Srs. de Mecflet ou font inutils & étrangers, ou ont
été fupofés par Gaugain.*

Avant d'établir cette propofition, il faut référer les faits. Les Sieurs de
Mecflet ont été admis à prouver 1°. „ Que Gaugain par malice, a prefque
„ toûjours tenu les effeaux de fes Moulins fermés, pour faire refluer l'eau fur
„ ceux de Bourbillon & les empêcher de moudre, & a même affecté ledit
„ Gaugain, de mafquer & gazonner plufieurs fois lefdits trois effeaux dans
„ le tems qu'ils étoient fermés, tant par devant que par derriére, pour
„ obliger l'eau de refluer davantage fur les Moulins de Bourbillon & les
„ empêcher de moudre, ce qui a été pratiqué par ledit Gaugain depuis qu'il
„ fait valoir lefdits trois Moulins de Montaigu, & encore depuis un an, dont
„ lefdits Sieurs Daffeville & de Pleinnemare ont fouffert une perte très-con-
„ fidérable, & que cela n'arrivoit point lorfque deux Fermiers faifoient va-
„ loir ces mêmes Moulins de Montaigu, attendu qu'ils tenoient les effeaux
„ levés & les faifoient moudre. 2°. Que les trois Moulins dont Gaugain
„ dit avoir dépofé les Nailes, ne travaillent point ordinairement dans la

D

,, saison de l'Été ; Enfin que les préposés qui font valoir leurs Moulins, ont
,, voulu céder la joüissance d'un desdits deux Moulins de Bourbillon *gratis*
,, audit Gaugain, mais aux conditions qu'il laisseroit deux esseaux levés,
,, pour faciliter l'écoulement des eaux pendant que les deux Moulins de
,, Bourbillon seroient en état de moudre.

On ne croit pas qu'il y ait quelqu'un qui (mettant à l'écart toute pré-
vention) puisse lire ces faits de preuves, sans en admirer la singularité. Qu'on
les considére atentivement, soit séparément, soit ensemblément, on ne
trouvera point qu'ils ayent d'objets, sinon de prétenduës mauvaises inten-
tions. Ce qui seul suffit pour en faire connoître l'incivilité & le ridicule.

Pour les prouver, tels qu'ils sont, les Sieurs de Mecflet ont fait entendre
19 témoins : du nombre de ces témoins Gaugain en a reproché deux, sça-
voir les nommés Thomas Grenier & Guillaume Cayer, 5 & 8, suivant l'ordre de l'Enquête. Ces deux témoins furent reprochés, parce qu'ils étoient
pour lors meûniers de Bourbillon, & en cette qualité déposoient dans leur
propre cause. Gaugain seroit encore en état de proposer des reproches de
droit contre la plus grande partie, mais cela conduiroit trop loin, & d'ailleurs de tout ce qu'ils ont raporté, indépendamment de l'affectation mar-
quée qui régne dans leurs dépositions, on n'en peut rien inférer contre
Gaugain. Il se rencontre dans la plûpart de ces dépositions, des contradictions qui de droit les rendent nulles. Plusieurs de ces témoins ont pouf-
sé l'affectation & l'impertinence (lorsqu'ils ont parlé des esseaux de Montaigu fermés) jusques à dire qu'ils étoient de la sorte *pour faire refluer l'eau
contre les Moulins de Bourbillon.* Quand bien - même il y auroit de l'aparence à le penser, ont - ils pû le raporter ? Gaugain leur a-t-il rendu compte des motifs & des vûës qui l'avoient fait agir ? Encore s'ils se fussent
contentés de dire que les esseaux de Montaigu dans cet état, faisoient re-
monter l'eau vers Bourbillon, on pourroit les excuser sur ce qu'ils l'auroient pensé de même ; mais une pareille affectation doit opérer la répro-
bation du témoin, & la rejection de son témoignage.

La plus grande partie des témoins de l'Enquête des Sieurs de Mecflet
déposent sur le premier fait. Les uns disent qu'ils ont vû gazonner, les autres qu'ils ont aidé à gazonner les esseaux de Montaigu. Les uns disent
au nombre de deux, les autres au nombre de trois. Mais à quoi bon avoir
fait cette preuve ? Gaugain n'est pas disconvenu d'avoir fait mettre différentes matiéres à l'entour de ses esseaux : il n'est pas non-plus disconvenu
d'avoir abatu dans certains tems jusques à trois de ces mêmes esseaux. Ces
supofitions ont été faites dans deux Requêtes signifiées le 29 Novembre
1732, & le 18 Décembre suivant. Voici comment il a parlé dans la pre-
miére.... *C'est mal à propos que les Sieurs Dasseville & de Pleinnemare re-
prochent au Supliant d'avoir affecté de tenir les esseaux de ses Moulins fermés,
& de les gazonner, pour empêcher le passage de l'eau : il n'a rien fait qu'il
n'ait pû & dû faire....* Dans la seconde : .... *Les Sieurs Dasseville & de
Pleinnemare voudroient bien avoir quelque sujet de plainte à oposer en com-
pensation : Pour cela ils insistent à soûtenir que Gaugain a affecté de gazonner
les esseaux de trois des Moulins de Montaigu, pour faire refluer l'eau sur les
Moulins de Bourbillon, & par ce moyen les empêcher de moudre. Gaugain l'a
déja dit, il n'a rien fait qu'il n'ait pû & dû faire.... Et s'il a quelquefois pris des mesures, dans la plus grande disette d'eaux, pour les arrêter, c'a
été pour se procurer le travail de ses Moulins & non pour porter préjudice aux
Sieurs de Mecflet ou à leurs Meûniers. ....*

Est - ce qu'une pareille supofition qui a été réiterée, n'auroit pas dû arrêter les Sieurs de Mecflet sur la preuve de ce fait ? puisque Gaugain con-

venoit d'avoir fait abatre ſes eſſeaux & d'avoir fait ſon poſſible pour arrêter l'eau. Il ne reſtoit plus que d'éxaminer s'il avoit eu droit de le faire. Mais ce parti eût été trop court, & pour cela déplaiſoit aux Sieurs de Mecflet, qui avoient abſolument réſolu de faire une Enquête. Inutilement on en diroit davantage pour faire connoître que les Sieurs de Mecflet ont eu tort d'inſiſter à faire une pareille preuve. Ce n'eſt pas au ſurplus que Gaugain en ſoit fâché, puiſqu'il tire ſa juſtification des dépoſitions mêmes des témoins qu'ils ont fait entendre.

Dire que Gaugain n'ait pas été en droit de faire abatre tantôt deux, tantôt trois de ſes eſſeaux, ſuivant qu'il y avoit plus ou moins d'eaux dans la Riviére, c'eſt ce qui ne peut raiſonnablement être propoſé. 1°. Il n'y a ni Loi ni convention particuliére qui ait dû l'en empêcher. 2°. Un légitime intérêt a demandé qu'il agiſſe de la ſorte. Lorſque dans certains jours il n'y a eu de l'eau dans la Riviére que pour faire moudre un Moulin, il n'y à pas eû d'aparence de laiſſer deux eſſeaux levés. On comprend facilement qu'une quantité d'eau, ſeulement ſuffiſante pour faire tourner un Moulin, venant à être partagée en deux, ſeroit devenuë totalement inutile. On en à vû l'expérience pendant le cours du Procès-verbal. Gaugain ayant laiſſé deux de ſes eſſeaux levés, en vertu d'une Ordonnance de M. le Commiſſaire Subdélégué, pour favoriſer des opérations, les deux rouës tournoient très-lentement, & les deux Moulins ne faiſoient que très-peu de fort-mauvaiſe farine. Après l'opération finie, Gaugain ne laiſſa qu'un eſſeau levé: le Moulin qui eut ſeul la même quantité d'eau fit ſur le champ de fort bonne farine, & en très-grande quantité. Ce n'a donc point été par malice que Gaugain a quelquefois abatu juſqu'à trois de ſes eſſeaux, mais bien pour un légitime intérêt. Plus on fait atention à cette prétention des Sieurs de Mecflet, plus on la trouve révoltante. Eſt-ce qu'il ne ſeroit pas de l'intérêt de Gaugain d'avoir deux Moulins tournans au lieu d'un? Eſt-ce que quand il peut les faire travailler tous quatre, il y fait faire? Les Sieurs de Mecflet ne trouveront perſonne qui le penſe. Il eſt des cas dans leſquels Gaugain eſt obligé d'abatre tous ſes eſſeaux: Lors, par exemple, que le flot monte & juſqu'à ce qu'il retourne à la Mer. Il y a des Réglemens faits en faveur des Propriétaires de la Pêche ſur la Riviére d'Orne, qui deffendent aux Meûniers de Montaigu de lever les eſſeaux de leurs Moulins hors le tems que leſdits Moulins moudront. C'eſt ce que les Sieurs de Mecflet ne peuvent ignorer : les prétentions des Fermiers de la Pêche les en inſtruiſent. Il faut ſupoſer une choſe, qui n'arrive guéres à la vérité, mais qui eſt très-poſſible. Si dans le tems qu'il y auroit de l'eau ſuffiſante pour faire moudre les 4 Moulins de Montaigu, Gaugain manquoit de bled, que faudroit-il qu'il fit? Seroit-il obligé de les faire tourner pour la commodité des Moulins de Bourbillon? non ſans doute. Il n'expoſeroit pas ſes Moulins à être fracaſſés pour l'utilité de ceux de Bourbillon? Il eſt cependant encore beaucoup plus révoltant d'entendre les Sieurs de Mecflet demander qu'on laiſſe au moins deux eſſeaux levés à Montaigu, dans les tems qu'il n'y aura de l'eau dans la Riviére, qu'autant qu'il en faut pour faire moudre un Moulin.

Pour ſoûtenir une pareille prétention, il faudroit que les Moulins de Bourbillon euſſent des droits ſur ceux de Montaigu. C'en eſt aſſez ſur cet article. Paſſons à celui des prétendus gazonnemens, qui, quoique plus ſpécieux, n'à pas plus de fondement.

Les Sieurs de Mecflet ont prétendu que Gaugain » par malice, & pour » obliger l'eau de refluer contre les Moulins de Bourbillon, a fait maſquer » trois des eſſeaux de Montaigu, tant par devant que par derriére.

La preuve de la fauſſeté de cette accuſation ſe tire du Procès. Le Procès-verbal & l'Enquête même des Sieurs de Mecflet, font parfaitement connoître que Gaugain n'a rien fait par malice, & qu'il a ſimplement agi dans la vûë d'un légitime interêt.

Depuis un très-long-tems toutes les maſſes des Moulins de Montaigu font troüées & crevaſſées en une infinité d'endroits. Par ces trous & crevaſſes il ſe perd conſidérablement de l'eau. Gaugain qui avoit pluſieurs fois demandé le rétabliſſement deſdites maſſes, voyant qu'il étoit toûjours différé, ſous différens prétextes, préfera à l'action qu'il auroit été en droit d'intenter contre les Propriétaires, le parti de ſuppléer en quelque ſorte à ce deffaut de réparations.

Pour cet effet, dans la ſaiſon de l'Été des années dernières, que les eaux ont été extraordinairement rares, il a quelques fois fait mettre du fumier, du jonc & autres herbes qui croiſſent ſur le bord de la Riviére, dans les trous & crevaſſes des maſſes deſdits Moulins. Mais qu'a-t-il fait en cela dont les Sieurs de Mecflet puiſſent ſe plaindre ?

Pour qu'ils fuſſent en droit de trouver mauvais ce qu'a fait Gaugain en cette occaſion, il faudroit qu'il fût en leur pouvoir d'empêcher le rétabliſſement deſdites maſſes. Car les opérations de Gaugain n'ont pas à beaucoup près produit le même effet que produïront des réparations en régle. On conçoit aiſément qu'il a toûjours paſſé beaucoup d'eau à travers les maſſes, indépendamment du fumier & des herbes que Gaugain y a fait mettre.

On va connoître par le Procès-verbal & par la dépoſition de trois des témoins de l'Enquête des Srs. de Mecflet, qu'il y a de ces trous & crevaſſes devant & derriére & tout au tour des eſſeaux de Montaigu. Voici comment parle M. le Commiſſaire Subdélégué, pag. 240 & ſuivantes du Procès-verbal. . . .

» Nous nous ſommes tranſportés d'abord au Moulin appartenant à l'Hô-
» tel-Dieu, en preſence du Sieur Bayeux, nous avons remarqué que au-
» delà de l'eſſeau & aux côtés d'icelui, il s'y fait deux pertes d'eau ra-
» pides & conſidérables à travers du mur de l'Hôtel-Dieu & de la maſſe
» commune audit Moulin & à un de ceux de l'Abbaye de Saint Étienne ;
» qu'au premier Moulin, nommé le Moulin de la Porte, apartenant à l'Ab-
» baye, vis-à-vis de l'eſſeau & de la maſſe, il y a trois pertes d'eau dont
» une plus forte que les deux autres, qui ſont néanmoins conſidérables, & dont
» deux ſont dans ladite maſſe commune & l'autre dans le mur dudit Mou-
» lin de la Porte : que ſous le roüet du même Moulin il ſe trouve encore
» une perte d'eau beaucoup plus conſidérable que les précédentes : qu'au troi-
» ſiéme Moulin, nommé le Moulin Parmier, il ſe fait aux deux côtés de
» l'eſſeau deux pertes d'eau un peu moins fortes que les autres, mais tou-
» tes rapides : qu'en dehors du mur dudit Moulin Parmier il y a encore
» deux écoulemens d'eau moins conſidérables, le tout à travers des murs
» & maſſes : & au quatriéme Moulin, nommé le Moulin de la Chambre,
» il y a encore proché de l'eſſeau deux écoulemens d'eau moins conſidéra-
» bles, mais rapides, ainſi que ceux ci-deſſus mentionnés, & provenans
» des maſſes, ce que nous avons remarqué les eſſeaux étans fermés. . . .

Suivant ce Procès-verbal, il ſe perd autant d'eau à travers les murs & maſſes des Moulins de Montaigu, qu'il en faudroit pour faire tourner un Moulin.

Voyons preſentement comment ont parlé les témoins.

Guillaume Queſnot, 4e témoin de l'Enquête des Sieurs de Mecflet, dé-poſe. . . . » qu'il a demeuré 15 mois chez Gaugain, que pendant l'Eté il
» prenoit des fennes de la Riviére, de la terre & du fumier, & les met-
» toit ſous trois eſſeaux fermés pour arrêter les eaux, empêcher qu'elles ne
» paſſaſſent :

» paſſaſſent ; le tout par l'ordre de Gaugain, ce qui arrêtoit l'eau & l'obli-
» geoit de refluer vers Bourbillon ; *Et que ce qui l'obligeoit encore de mettre
leſdites fennes, terre & fumier, c'eſt qu'il y a des trous & crevaſſes deſſus, deſſous & à côté des eſſeaux, par leſquels l'eau ſe perdoit & empêchoit les Moulins
de moudre.*

Anne Mury, 7.ᵉ témoin, dépoſe . . . . » qu'elle a vû les Domeſtiques de
» Gaugain porter des fennes ou roſeaux dans le pied des eſſeaux, diſans *qu'il
y avoit des maſſes crevaſſées : que l'eau ſe perdoit comme elle venoit.*

Jean Bonpain, dépoſe . . . » qu'ayant été requis de travailler aux Mou-
» lins de Montaigu, en qualité de Charpentier, Gaugain lui dit de mettre
» le pied à l'eau, *pour mettre des fennes, qui étoient le long des eſſeaux, dans
des trous qui y étoient, ce qu'il fit.*

Gaugain ne croit point devoir rien ajoûter à ce qui réſulte de ces dépoſitions & du Procès-verbal, pour juſtifier ſa conduite, & convaincre les Srs.
de Mecflet de lui avoir gratuitement imputé d'avoir maſqué & gazonné les
eſſeaux de Montaigu, à deſſein de faire tort aux Meûniers de Bourbillon.

Les Sieurs de Mecflet ont entrepris de prouver que les choſes ſe paſſoient
autrement à Montaigu, lorſqu'il y avoit deux Meûniers. A quoi tend une
pareille preuve ? n'eſt-elle pas abſolument inutile & étrangére à la queſtion ?
Lorſqu'il y a eû deux Meûniers à Montaigu, chacun a fait de ſon mieux
pour profiter de l'eau de la Riviére. C'étoient des intérêts différens. La
raiſon de différence eſt très-bien expliquée par Pierre Halot & Guillaume
Cayer, 6 & 8.ᵉ témoins de l'Enquête des Sieurs de Mecflet.

Pierre Halot dépoſe . . . » qu'il a auſſi connoiſſance que lorſque les Mou-
» lins de Montaigu étoient affermés à deux différens particuliers, il y avoit
» toûjours deux eſſeaux levés, *parce que les deux Fermiers différens vouloient
moudre.* . . .

Guillaume Cayer dépoſe . . . . ,, qu'il a été Fermier des trois Moulins de
,, Montaigu appartenans à l'Abbaye de S. Étienne, & que dans le même
,, tems le nommé Catillon étoit Fermier de celui des Pauvres : Que Catil-
,, lon, quoiqu'il n'eût qu'un eſſeau, avoit pendant l'Été le tiers de l'eau,
,, c'eſt à dire, que lorſque l'eau étoit à une certaine hauteur, lui dépoſant
,, qui tenoit les trois Moulins de l'Abbaye faiſoit marcher pendant les deux
» tiers du jour deux de ſes trois Moulins, & un marchoit pendant l'autre
» tiers du jour conjointement avec celui des Pauvres, pour le compte de
» Caſtillon : que quand il n'y avoit de l'eau que pour faire moudre un
» Moulin ſur les quatre, le Fermier de l'Abbaye avoit les deux tiers du
» jour, & celui des Pauvres l'autre tiers : *qu'il y avoit toûjours deux eſſeaux
ouverts dans le tems qu'il y avoit de l'eau, & que ſi-tôt qu'il y en avoit peu,
il n'y avoit qu'un Moulin qui marchoit.*

De tout cela il réſulte ſeulement que les Sieurs de Mecflet ont pû profiter de la meſintelligence qui a quelquefois régné entre deux différens
Meûniers de Montaigu. C'eſt ce que dit Halot dans ſa dépoſition, *parce
que les deux Fermiers différens vouloient moudre.* Mais lorſque ces deux
Meûniers ont agi de concert, & en vûe de leurs intérêts communs, ils ont
comme Gaugain fait tourner les Moulins de Montaigu, ſuivant qu'il y a
eû de l'eau dans la Riviére. *Il y avoit toûjours deux eſſeaux ouverts dans le
tems qu'il y avoit de l'eau, & ſi-tôt qu'il y en avoit peu, il n'y avoit qu'un
Moulin qui marchoit.*

Où eſt cette différence ? Les deux Meûniers de Montaigu, lorſqu'ils ont
été d'un bon accord, ont levé des eſſeaux à proportion qu'il y a eû de
l'eau dans la Riviére, c'eſt ce que Gaugain a fait, ainſi nulle différence.
Et conſéquemment nul reproche à lui faire.

E

Le second fait de preuve des Sieurs de Mecflet eſt encore totalement-étranger, & ne mériteroit pas de réponſe. » Les trois Moulins, diſent les » Sieurs de Mecflet, dont Gaugain a dépoſé les Nailes, ne travaillent » point ordinairement dans la ſaiſon de l'Été.

Premiérement le fait n'eſt pas vrai : les dépoſitions de Halot & Cayer établiſſent le contraire; mais en le-ſupoſant pour un moment, quelle conſéquence en pourroient tirer les Sieurs de Mecflet ? cette queſtion a-t-elle quelque choſe de commun avec celle de ſçavoir s'ils ont augmenté & changé leur chauſſée depuis 1729 ? Il faut néceſſairement que les Sieurs de Mecflet comptent pour rien les contradictions, puiſqu'ils y tombent ſi facilement avec eux-mêmes. Ils prétendoient il y a un moment, qu'il devoit y avoir continuellement au moins deux eſſeaux levés à Montaigu : preſentement ils veulent qu'il y ait trois Moulins qui ne travaillent point pendant l'Été. S'il y a trois Moulins qui ne travaillent point pendant l'Été, il eſt certain que les Meûniers de Montaigu ne peuvent laiſſer continuellement deux eſſeaux levés, puiſque, comme on l'a déja dit, ils ne peuvent lever leurs eſſeaux qu'autant que les Moulins ſont en état de moudre, ſous peine d'amendes conſidérables, & de dommages & intérêts envers les Propriétaires ou Fermiers de la Pêche.

Enfin les Sieurs de Mecflet ont entrepris de prouver, » que leurs Meû- » niers ont voulu céder la joüiſſance d'un des Moulins de Bourbillon » *gratis* à Gaugain, aux conditions que celui-ci laiſſeroit deux de ſes eſſeaux » levés.

Quel raport a un pareil fait avec ce dont il s'agit au Procès ? Lorſque les Sieurs de Mecflet le propoſérent, Gaugain déclara par un acte du 31 » Décembre 1732, » qu'il n'entendoit point à quelle fin ils demandoient » à faire une pareille preuve.... qu'il n'avoit point de connoiſſance que » cette propoſition lui eût été faite.... qu'en tout cas ce fait étoit en- » tiérement étranger, & ne pouvoit par conſéquent être d'aucune déci- » ſion, &c.

Mais ce n'eſt pas le tout, car ce fait tout inutile & étranger qu'il eſt, n'a pas été prouvé par les Sieurs de Mecflet. C'eſt ce que Gaugain va faire connoître en établiſſant la propoſition ſuivante.

Quatriéme Propoſition.

Les Sieurs de Mecflet n'ont rien prouvé.

Cette Propoſition ne tombe que ſur les deux derniers faits de preuve articulés par les Sieurs de Mecflet. Gaugain ſe flate d'avoir réuſſi à faire connoître qu'il avoit ſupoſé le premier.

Suivant le Mémoire imprimé des Sieurs de Mecflet en la pag. 10, quinze témoins de leur Enquête, qui ſont les 1, 2, 3, 4, 5, 6, 7, 8, 9, 11, 13, 14, 15, 17 & 18, raportent, qu'à peine il ſe trouve de l'eau » dans la rivière pendant l'Été, pour faire moudre un des Moulins de » Montaigu, & que dans les années de ſéchereſſe il n'y en a pas ſuffiſamment.

Comme on a déja dit, ce fait eſt inutile & étranger à la queſtion : ainſi, quand il ſeroit prouvé, tel que l'ont avancé les Sieurs de Mecflet, ils n'en pourroient rien conclure. Mais Gaugain, qui ſçait par expérience le contraire de ce qu'on fait dire à ces témoins, a été curieux d'examiner attentivement leurs dépoſitions. Et après cet éxamen, il n'a pas trouvé à beaucoup près, que les Sieurs de Mecflet ayent accuſé juſte.

Premiérement, du nombre deſdits 15 témoins il y en a trois, ſçavoir les 6, 13 & 16, qui ne diſent pas un ſeul mot ſur le fait en queſtion. En

fecond lieu, 5 defdits témoins, qui font les 4, 5, 7, 8 & 9, raportent
tout le contraire.

Guillaume Quefnot, 4e. témoin, dépofe. . . . . *qu'ordinairement trois des
Moulins de Montaigu ne travaillent point pendant l'Été.*

Thomas Grenier, 5e. témoin, dépofe. . . . . *qu'ordinairement il n'y a qu'un
des Moulins de Montaigu qui meut pendant l'Été.*

Anne Mury, 7e. témoin, dépofe. . . . *que pendant l'Été les Moulins de
Montaigu ne peuvent travailler tous à la fois.*

Guillaume Cayer, 8e. témoin de l'Enquête des Sieurs de Mecflet & leur
Meûnier à Bourbillon, dépofe. . . . *qu'il a été Fermier des Moulins de Montaigu, & que pendant l'Été il avoit deux Moulins qui travailloient. . . .*

Enfin, Jean Bonpain, 9e. témoin, dépofe. . . . *que pendant la féchereffe de
l'Été deux des Moulins de Montaigu ne peuvent travailler enfemblément, à moins
qu'il ne vienne des pluies extraordinaires. . . .*

Il réfulte de la dépofition de ces cinq témoins, que dans le tems des plus
grandes féchereffes, il y a au moins un Moulin qui travaille à Montaigu ;
& Guillaume Cayer, Meûnier des Sieurs de Mecflet, attefte même qu'é-
tant à Montaigu, il avoit pendant l'Été deux Moulins qui travailloient ;
ce qui fourniroit une preuve contraire bien complette, fi Gaugain en avoit
befoin.

Les Sieurs de Mecflet n'ont pas non-plus prouvé le dernier fait par eux articulé, fçavoir, » que leurs Meûniers avoient offert *gratis* à Gaugain la
» joüiffance d'un des Moulins de Bourbillon, aux conditions qu'il laifferoit
» deux effeaux levés à Montaigu.

Ils conviennent eux-mêmes, pag. 10 de leur Imprimé, que leurs témoins
ont feulement raporté qu'on a offert à Gaugain la moitié du travail d'un
Moulin. Or de la moitié au tout il y a de la différence : ainfi point de preuve. Ce n'eft pas au refte, que Gaugain veüille diftinguer entre l'offre de la
moitié du travail & l'offre du travail entier d'un Moulin. Car quand bien
même les Sieurs de Mecflet auroient prouvé ce fait dans toute fon éten-
duë, & dans les termes mêmes qu'ils l'avoient articulé, il lui fuffiroit toûjours de dire qu'il eft inutile & étranger à la queftion.

Mais en fuppofant que cette condition eût été propofée à Gaugain, quelqu'un, autre que les Sieurs de Mecflet & leurs Meûniers, s'aviferoit-il de
trouver mauvais qu'il l'eût refufée ? Il dépend de celui à qui on propofe
des conditions, de les accepter ou de les refufer. Cette propofition eft
également vraie & générale. D'ailleurs il n'auroit pas été de l'intérêt de Gaugain d'accepter un des Moulins de Bourbillon, fous pareille
condition. Ses Moulins font à la Porte de la Ville : ceux de Bourbillon en
font éloignés de trois grands quarts de lieuë : ce qui eft très-différent, par
rapport aux habitans de la Ville. Or Gaugain, dans certains jours de l'É-
té, n'ayant de l'eau que pour faire moudre un Moulin, fe feroit privé du
travail de ce même Moulin en levant deux effeaux, fuivant qu'on l'a ci-
devant établi pag. 15. Ainfi non feulement il a été en la liberté de Gaugain de ne point entendre aux propofitions des Meûniers de Bourbillon,
mais même il a eu un interêt fenfible de n'en rien faire.

Les Srs. de Mecflet avancent confidemment en lad. pag. 10, que 15 de
leurs témoins rapportent la propofition faite à Gaugain, de lui abandonner
la moitié du revenu d'un des Moulins de Bourbillon, pour l'engager à laiffer deux des effeaux de Montaigu levés pendant l'Été. Cependant il n'y en
a que trois qui en parlent, dont l'un nommé Cayer & Meûnier des Sieurs
de Mecflet, a été reproché. Et les deux autres, nommés Thomas & Loüis
Grenier, font des Meûniers de cette Ville, qui toute leur vie ont été faire

moudre aux Moulins de Bourbillon, & pour cette raison y prennent autant d'intérêt que les Meûniers de Bourbillon eux-mêmes.

Cinquiéme Proposition.

Les Conclusions de Gaugain sont bien dirigées, & ne peuvent lui être refusées.

Il semble que, pag. 8 de leur Imprimé, dans une longue & pompeuse phrase, qui bien considérée, est un pur galimathias, les Sieurs de Mecflet trouvent à redire que Gaugain ait dirigé ses Conclusions contre les Propriétaires des Moulins de Montaigu.

Il semble encore qu'ils prétendent, que Gaugain, ayant contracté en preuve avec eux, n'a pû prendre des Conclusions que contr'eux ; c'est ce qu'il faut éxaminer.

Gaugain convient qu'il a contracté en preuve avec les Sieurs de Mecflet; mais il faut que ceux-ci fassent attention que ce n'a été qu'incidemment, & pour constater ce qu'il avoit dit dans la signification qu'il fit faire aux Propriétaires des Moulins de Montaigu, le 10 Octobre 1732, du dépôt de ses Nailes, laquelle est ci-devant transcrite, pag. 3.

Cette signification qui contient une sommation aux Propriétaires des Moulins de Montaigu, de faire mettre la chaussée de Bourbillon en état, & des protestations de dommages & intérêts contr'eux, est le principe de l'action. C'a été cette même signification qui a occasionné l'Arrêt du Conseil du 24 Octobre 1732.

Gaugain a pû agir indistinctement ou contre les Sieurs de Mecflet ou contre ses bailleurs. Mais ayant une fois pris un parti, il n'a pû varier dans la suite. Il a pris celui qu'il a crû lui être le plus convenable, & qui est le plus ordinaire. Lorsqu'un Fermier est troublé dans la joüissance des choses qui lui sont affermées, il a naturellement une action contre son bailleur, pour l'obliger à faire cesser le trouble. C'est précisément ce qu'à fait Gaugain, qui avoüe ingénuëment, qu'il auroit préféré sa ruine totale, à la nécessité d'attaquer directement les Sieurs de Mecflet.

Ceux-ci auroient bien soûhaité que Gaugain eût pris des conclusions contr'eux directement, parce qu'ils auroient pris de-là occasion d'exciper de ce que le dépôt des Nailes ne leur a point été notifié. Gaugain l'a notifié à ceux dont il tient les Moulins. Ils ont agi en conséquence : ainsi il est ridicule de dire » qu'il n'a point apelé les Parties intéressées, lorsqu'il a fait » ledit dépôt.

Gaugain espére avoir satisfait pleinement à établir que sa preuve est bien faite, tant par son Enquête que par le Procès-verbal : Que les Sieurs de Mecflet n'avoient rien suposé qui dût l'arrêter : Que lesdits Sieurs de Mecflet ont articulé des faits qui sont inutils & étrangers, en la plus grande partie, & que le surplus a été suposé : Que les Sieurs de Mecflet n'ont rien prouvé ; & enfin que ses conclusions procédent bien & ne peuvent lui être refusées.

Il s'aperçoit, mais trop tard, qu'il s'est trompé en intitulant son Mémoire *Bref Mémoire.* Ce n'est pas qu'il n'ait fait de son mieux pour tenir parole. Il a laissé à l'écart, autant qu'il a pû, ce qui ne le regarde point personnellement, & il a négligé de relever bien des traits & des broüilleries. Il faut cependant encore répondre à trois propositions qu'il a plû aux Sieurs de Mecflet de risquer, page 10 de leur Imprimé. C'est au sujet de la chaussée de Montaigu.

Les Sieurs de Mecflet prétendent » que les 6 16 & 19e. témoin de leur En- » quête, rapportent que Gaugain a fait ramasser par ses valets des pierres » & chauffins, & qu'il en a fait remplir les trous par où l'eau pouvoit passer » à travers la chaussée de Montaigu.   » Que

» Que les mêmes témoins déposent que Gaugain a fait porter pendant
» cinq ou six jours, par deux hommes, des chauffins & fables devant & le
» long de la chauffée de Montaigu, pour empêcher les eaux de la Riviére
» de s'écouler.

» Que ces mêmes témoins raportent enfin, que pendant l'espace de cinq
» ou six jours, Gaugain a fait faire une petite chauffée au pied de la chauffée
» de Montaigu en dedans : que ledit Gaugain a fait conftruire ladite chauf-
» fée de groffes pierres & de chauffins, & qu'il a fait mettre lefdits chauf-
» fins gros & menus, dans ladite chauffée & fur le deffus d'icelle, à pro-
» portion qu'elle en avoit befoin.

C'eft pour la première fois que les Sieurs de Mecflet imputent à Gaugain
d'avoir innové à la chauffée de Montaigu. Convaincus par eux-mêmes qu'elle étoit en régle, ils n'en n'ont pas dit un mot dans l'inftruction du Procès,
ni pendant le Procès-verbal. Se fentans confondus, ils cherchent à fe ra-
crocher à ce qu'ont dépofé gratuitement trois de leurs témoins. On dit gratuitement, puifqu'il n'eft pas dit un mot de la chauffée de Montaigu dans
les faits de preuve defdits Sieurs de Mecflet, & fur lefquels uniquement ces
témoins ont dû être interrogés.

Si Gaugain n'étoit pas d'ailleurs en état de faire connoître que les Sieurs
de Mecflet ne peuvent tirer aucun avantage contre lui, de ce qu'ont dépofé les trois témoins en queftion, au fujet de la chauffée de Montaigu, il s'en
tiendroit à foûtenir la rejection de leur dépofition, attendu qu'ils n'ont pas
dû dépofer d'office & fur un fait dont il n'eft nullement queftion.

Mais il eft facile de détruire le fiftême des Sieurs de Mecflet par le Procès-verbal & par les dépofitions même de ces témoins, qui ont encore eû
affé de circonfpection pour obferver les dates. Il faut raporter tout ce qu'ils
ont dit à ce fujet.

Pierre Halot, 6e témoin de l'Enquête des Sieurs de Mecflet, dépofe...
» qu'il a vû les domeftiques de Gaugain qui ramaffoient des pierres & chauf-
» fins de la Riviére, & rebouchoient avec les trous & crevaffes par où l'eau
» de la Riviére fe perdoit ou pouvoit paffer dans la chauffée, ce qui fe
» paffa il y a environ un an. . . .

Nicolas Duval, 16e témoin, dépofe . . . *qu'il y a quatre ans ou environ*,
» il travailla avec un autre homme, pendant cinq ou fix jours, à porter des
» chauffins où fables devant & le long de la chauffée de Montaigu, pour
» empêcher que les eaux ne fe perdiffent, ce qu'ils firent de la réquifition
» de Gaugain, qui montroit les endroits où il falloit travailler.

Le nommé Mirey, 19e témoin de ladite Enquête, dépofe . . . » que
» depuis que le Sieur de la Garenne fait les affaires de M. le Cardinal de
» Fleury, il a alloüé du Sieur de la Ruë, héritier du Sieur le Dars, les
» réparations à faire à la chauffée de Montaigu, *il y a environ huit ans*, qu'il
» travailla d'abord avec ceux qui avoient alloüé avec lui dépofant, & qu'ils
» furent chargés de mettre les pierres bloc fur bloc & le deffus defdites pier-
» res en penchant, pour faciliter l'écoulement de l'eau ; qu'après ledit al-
» leu fini, ledit Gaugain prît lui dépofant à journée, pendant cinq ou fix
» femaines, & l'occupa à faire une petite chauffée au pied de la grande en
» dedans de la Riviére, qui conduit les eaux aux Moulins de Montaigu,
» laquelle chauffée étoit compofée de groffes pierres avec des chauffins qu'il
» mettoit par deffus & dans ladite petite chauffée, & qu'il mettoit lefdits
» chauffins, gros & menus, à proportion que ladite petite chauffée en
» avoit befoin. . . .

On remarque premiérement que ces trois témoins parlent de trois chofes différentes & arrivées dans différens tems, ce qui metteroit Gaugain

en état, s'il en avoit befoin, d'avoir recours à la maxime *teſtis unus, teſtis nullus*.

Le premier, nommé Halot, a vû, *il y a un an*, les Domeſtiques de Gaugain boucher avec des pierres & chauſſins les trous & crevaſſes par où l'eau de la Riviére ſe perdoit. Il faut ici faire une obſervation pour expliquer ce que ce témoin, & celui qui parle après-lui, ont pû remarquer.

Depuis les Moulins de Montaigu juſqu'à la pierre de niveau, il y a une digue ou chauſſée fort élevée & telle qu'il y en a une à Bourbillon & partout ailleurs, à travers laquelle il ne doit point paſſer d'eau. Il arrive de tems en tems que cette digue eſt dégradée & percée, ſoit par les eaux trop abondantes dans la Riviére, ſoit par le flux & reflux de la Mer. Lorſque le cas eſt arrivé, ſans doute que Gaugain aura fait tout de ſon mieux pour rétablir cette digue. Mais il n'a en cela rien fait de reprehenſible, puiſque, comme on vient de le dire, il n'y doit point paſſer d'eau. Voila ce qu'à voulu dire ce témoin, *en parlant de trous & crevaſſes, par où l'eau de la Riviére ſe perdoit.*

Le ſecond, nommé Duval, dit, *qu'il y a quatre ans ou environ,* (Gaugain eſt en état de dire qu'il parle de ce qui s'eſt paſſé avant la réformation de 1729;) il porta des chauſſins & ſables devant & lé long de la chauſſée de Montaigu, *pour empêcher que les eaux ne ſe perdiſſent,* ce qu'il fit de la réquiſition de Gaugain, *qui montroit les endroits où il falloit travailler.*

Gaugain montroit les endroits par leſquels l'eau ſe perdoit, & où il falloit travailler. Il ne peut être douteux que ce fût dans l'ancienne chauſſée ou digue qui eſt dans l'eſpace intermédiaire des Moulins & de la pierre de niveau. Si Gaugain eût fait travailler à la chauſſée qui commence à la pierre de niveau & finit à la digue des Pêcheurs, à travers laquelle l'eau doit paſſer & paſſe effectivement ſur toute ſa longueur, comme on l'établira ci-après, il n'auroit point indiqué les endroits par où l'eau ſe perdoit & auſquels il falloit travailler. Cette chauſſée eſt toute d'une même conſtruction & percée comme un crible, ainſi il n'y auroit point eû de raiſon de travailler à un endroit plûtôt qu'à l'autre.

Le dernier, nommé Mirey, dit, . . . *qu'il y a huit ans,* (cet époque auroit dû arrêter les Sieurs de Mecflet, puiſqu'il s'agit uniquement de ce qui s'eſt paſſé depuis la réformation des chauſſées en 1729;) il aida à rétablir la chauſſée de Montaigu : Qu'il eut ordre de mettre les pierres bloc ſur bloc & en penchant, pour faciliter l'écoulement de l'eau. (La chauſſée de Montaigu fut effectivement rétablie en ce tems-là, de maniére que le Sieur Bayeux l'a trouva parfaitement bien en 1729, n'y fit rien changer, & fit ſeulement retrancher la petite chauſſée ou avant-mur ſur ſa largeur.) Ce témoin ajoûte qu'après le rétabliſſement de la chauſſée de Montaigu, Gaugain l'occupa cinq ou ſix ſemaines à faire une petite chauſſée au pied de la grande.

Quand la dépoſition de ce témoin ſeroit en ſoi de quelque conſidération, que peuvent en inférer les Sieurs de Mecflet ? s'agit-t-il de ce qui a pû être fait en 1724 ou 1725 ? Les chauſſées de Bourbillon & de Montaigu n'ont-elles pas été viſitées & réformées en 1729, en la préſence & du conſentement des Parties intéreſſées ?

Envain on entreroit dans un plus long détail, pour faire connoître que les Sieurs de Mecflet n'ont pas fait un fidéle uſage des dépoſitions de leurs témoins.

Mais enfin, & on finit par-là, le Procès-verbal n'eſt-il pas rempli de preuves non ſuſpectes, que Gaugain n'a rien changé aux chauſſées de Montaigu depuis 1729, & que ces chauſſées ſont dans un parfaitement bon état?

Voici comment à parlé ledit Sieur Bayeux, pag. 230 dudit Procès-verbal.

„ Et ledit Sieur Bayeux, après avoir marché & visité ladite chauffée,
„ nous a dit qu'il n'à fait faire aucun travail à la chauffée de Montaigu en
„ 1729 : qu'il fit seulement relever & rétablir l'avant-mur qui est au de-
„ vant & au bas de ladite chauffée, du côté de la Riviére : *qu'il n'a trou-*
vé aucun changement à la chauffée ni à l'avant-mur depuis 1729, à l'excep-
tion de quelques pierres déplacées & de ce que le tems peut y avoir apporté de
changement.

Cette déclaration du Sieur Bayeux, sur l'état des grande & petite chauffées de Montaigu, est claire & décisive.

Les Sieurs de Mecflet étoient presens lorsque lesdites chauffées furent vi-
sitées, & ils ne purent disconvenir qu'il n'y avoit été fait aucun changement depuis 1729.

Le bon état dans lequel s'est trouvée la chauffée de Montaigu, donne
une nouvelle preuve que Gaugain n'y a rien changé. Voici comment parle le Procès-verbal aux pag. 232 & 233.

» Ledit Sieur Bayeux, après avoir fait sa visite en notre presence, ...
» nous a fait remarquer que l'eau de la Riviére transpire à travers l'avant-
» mur & la chauffée, en plusieurs endroits, ... & ce à mesure que l'eau
» atteint ou surpasse le bas dud. avant-mur....

Ce fut le 20 Novembre que cette observation fut faite ; en voici une autre
du lendemain 21, qui se trouve aux pag. 257, 258 & 259.

» Led. Sieur Bayeux ayant visité la hauteur de l'eau, en arrivant ce ma-
» tin, il nous a déclaré qu'elle étoit augmentée d'un demi pouce de hau-
» teur depuis hier au soir, & que l'eau couloit à travers de la chauffée,
» sur le derriére d'icelle, plus rapidement que le jour d'hier. Qu'à neuf
» heures quinze minutes l'eau remontoit du derriére au devant de la chauf-
» fée, à cause du flux de la Mer, & couloit à travers, se trouvant alors
» onze pouces au dessous d'une pierre qui a été repairée onze pouces plus
» bas que le dessus d'icelle : que 21 minutes après, elle étoit augmentée
» contre lad. pierre de quatre pouces & demi : 28 minutes après d'un pou-
» ce ; ensuite d'un autre pouce : & enfin a monté jusques à deux pouces &
» demi près de la hauteur de lad. pierre. *Qu'alors l'eau couloit à travers la-*
dite chauffée, sur toute la longueur d'icelle, depuis la digue de la Pêcherie juf-
ques à la pierre de niveau, & passoit librement & rapidement partout, excepté
sur deux pieds de longueur par devant : » qu'à un quart moins de midi l'eau
» étant 5 pouces au dessous du dessus de lad. pierre repairée sur le devant
» de la chauffée dans l'avant-mur, c'est à dire étant abaissée de deux pouces
» & demi au devant de lad. chauffée, & ayant visité le derriére d'icelle,
» nous a fait observer que l'eau de derriére étant abaissée par le reflux de
» la Mer, *l'eau de ladite Riviére retournoit & passoit à travers de ladite chauf-*
fée, coulant librement sur toute la longueur d'icelle, excepté sur 5 ou 6 pieds
qui étoient à l'opposite des deux pieds où elle ne couloit point sur le devant,
comme il est dit ci-dessus, dont & du tout nous avons accordé acte, comme ayant
été présent à toutes lesdites operations.

Bien constant donc que l'eau passe librement à travers la chauffée de
Montaigu sur toute sa longueur, qui est depuis la pierre de niveau jusques
à la digue des Pêcheurs. Ce qui suffiroit pour justifier que Gaugain n'y a
fait aucun changement.

Le même Procès-verbal explique, pag. 264 & 266, la cause pour laquelle l'eau ne passe point sur la longueur de deux pieds par devant, & sur
celle de 5 ou 6 pieds par derrière la chauffée. Il demeure constant que cet
endroit est d'une construction particulière, & est demeuré tel depuis le dé-

ces de M. le Cardinal de Mailly, qui a été Abbé de Saint Étienne.

Gaugain croyoit avoir répondu, par sa Requête de conclusions, à l'article du curage du bieu de Montaigu, de maniére à ne devoir pas attendre de replique.

Dans cette Requête il a dit, & il dit encore, que lui seul a intérêt que ledit bieu ne soit pas trop rempli de vases & sables. Il ajoûte que tant que la chaussée de Montaigu sera telle qu'elle est, ils ne pourront jamais souffrir des amas de vases ou autres matiéres qui pourroient se faire dans le bieu de Montaigu. Car en suposant que l'eau rencontrât des obstacles dans ledit bieu, elle trouveroit toûjours passage à travers la chaussée. D'ailleurs les vases qui se sont trouvées aux endroits sondés se réduisent à deux pieds de haut seulement, suivant le Procès-verbal, laquelle hauteur est infiniement au dessous des premiéres pierres de la chaussée.

Lorsque la Riviére fut sondée le long du bieu & de la digue, qui va jusqu'à la pierre de niveau, il n'y avoit presque plus d'eau dedans. Elle s'étoit écoulée par les quatre esseaux qui étoient levés depuis 10 heures de matin jusqu'à 4 heures du soir, ce qui demeure constant par la page 443 du Procès-verbal; à joindre que les esseaux de Bourbillon étoient fermés, suivant ledit Procès-verbal page 462.

Cependant l'eau de la Riviére surpassoit encore lesdites vases & sables de dix pouces de hauteur réduite : d'où il s'ensuit que le cours n'en étoit point embarassé.

Mais après tout y a-t-il le sens commun à vouloir persuader que Gaugain ait laissé amasser des vases & sables dans le bieu de ses Moulins en assez grande quantité, pour être devenus un obstacle au cours de l'eau? c'est cependant la prétention des Sieurs de Mecfler; & selon leur sistême, Gaugain aura laissé chommer ses Moulins pour le pur plaisir d'empécher ceux de Bourbillon de travailler. On ne peut certainement parler ni penser de la sorte, sans une très-grande injustice.

Si Gaugain le vouloit, il pourroit se plaindre à bon titre, de plusieurs aterrissemens qui sont derriére les Moulins des Sieurs de Mecfler, & qui interrompent considérablement le cours de l'eau. Il est fait mention d'un, aux pag. 12 & 13 du Procès-verbal. Il est environ à 100 pieds de distance du Moulin du Sieur de Pleinnemare, *& au droit de l'écoulement de l'eau* : il a environ 60 pieds de largeur sur 100 pieds de longueur, en forme de triangle, & s'étend jusqu'au milieu de la Riviére. Il y en a encore plusieurs autres de cette nature, dont il n'est point fait mention dans ledit Procès-verbal, que Gaugain espére que les Propriétaires des Moulins de Montaigu auront soin de faire détruire.

Gaugain espére donc avoir fait connoître que ses demandes & ses deffenses sont également légitimes & bien fondées, & que les Sieurs de Mecfler, non contens de l'avoir réduit dans la misére par leurs entreprises, ont mis tout en œuvre pour rendre odieuses les actions les plus simples & les plus naturelles.

Il finit en supliant encore une fois Monseigneur le Commissaire, de vouloir bien, conformément à l'Arrêt d'attribution, qui porte, *qu'il sera fait droit aux Parties par un ou plusieurs Jugemens disinitifs*, donner Jugement sur ce qui le regarde, au cas que les Propriétaires des Moulins de Montaigu, Bourbillon & Fonteney, demandent à écrire davantage.

Signifié le 2 May 1735.

M^e. CREVEL DE LA LONDE, Avocat.